마지막 화두

신광휴 시집

문학의전당 신작시집

마지막 화두

신광휴 시집

문학의전당

시인의 말

한을 품고 살아온 나날이었습니다.
허수아비로 살았다는 자책감이 있었습니다.

그러다 어느 날 내게 詩가 들어왔고,
나는 詩에게,
내 인생 얘기를 하기 시작했습니다.

이제는 조금 알 듯합니다.
그러면서 편안해졌습니다.

내가 살아있음을,
숨 쉬고 있음을 느끼게 해준 詩,
그 詩가 내게 올 수 있도록 도와준 분들……
평생 잊지 못할 겁니다.

2016년 12월
신광휴

차례

제2부

제3부

제4부

제1부

마지막 화두

시끄러웠던 말 말 말 뒤로하고
오대산에 오르네

상원사 동종
문수사 동자좌상
비로봉
적멸보궁
아무 말도 해주지 않네
도대체 말이 없네

알겠네

고요한 말
고요한 생각
고요한 몸가짐

모두 내려놓으라는 것이네

봄나들이

환장할
봄볕에 홀려

입 벌리고

실성
실성

끼에 취해

흔들
흔들

환장할 봄날

차이

머리에 눈 덮이고
눈에는 거미줄
귀에는 매미 소리
굽은 허리

하,
거리에 구르는 낙엽과 무엇이 다르랴?

그러나 낙엽은 내게 말한다

—너는 가지 위에 새싹 나올 자리
마련해놓고 내려왔잖아

몽우리 진 꽃들이 못 피는 이유

여의도 국회의사당
웅장한 빌딩 기름진 무리들
테헤란로 건물 사채업자 돈줄
유흥업소 제비와 꽃뱀
치부하는 공무원
세종로 일번가 수려한 신사

그 속에
추악한 쓰레기 더미가
자리 잡고 있다던데

그렇게 기름진 거름 속에서도

몽우리 진 꽃이
아직도 입을 열지 못한다던데

왜죠?

돌 틈에 핀 제비꽃 당신과

휘몰아치는 태풍에
삶의 틈바구니 속에서 숨을 쉬는
안타까운 표정
물끄러미 바라보네

휘어진 몸
숨 막히게 하고
초췌한 모습 안쓰러웠네

이제
황혼을 걷는 걸음 걸음
어지러운 마음 달래고 잊으면서
아름다운 추억만 생각하자고

돌 틈에 핀 제비꽃 당신과
말없는 대화를 하네

넝마주이

넝마주이가
한가로운 골목 보도블록에
편안한 자세로 걸터앉아
무언가를 쓰고 있다

有粟無人食(유속무인식)
多男必患飢(다남필환기)
곡식 가진 자 먹을 사람 없고
식구 많은 자 기아에 허덕이네*

무심히 그 광경을 바라보다가
반갑고 감탄하여
이런저런 이야기로
자리를 함께했다

어느 날
대로변 상가 앞에서
노인을 만났다

—훌륭하십니다 애국하시네요
미소로 답한다

골목에서
대로에서
아름다운 나라를 만드는
넝마주이

이 땅의 주인이다

---

* 정약용의 한시 중에서.

시

나
그대를 가슴에 심고
꽃을 피우리

빛과 어둠
슬픔과 기쁨

그대에게 받은
모든 것
가슴에 묻고

눈물로
꽃을 피우리

그대가
알아보지 못할 때까지

무아지경

그대의 전화 한 통에
단숨에 달려가네

친구가 초대한 곳
충청도와 경상도를 넘나드는 속리산 뒤편 마을
소나무골

고추장과 밥 한 그릇
손수 가꾼 상추쌈을 추가하니
진수성찬이네

흐르는 세월 묶어놓고
주고받는 술잔
무아지경이 따로 없네

이 순간
모든 것 다 잊어버리네

자화상

비낀 해가 들어 있는 호수 속에
볼이 발그레한 소년이 있다
별 보고 나가면 이맘때쯤 들어오던

찹쌀떡 통
구두 통
아이스께끼 통

이곳저곳
이 사람 저 사람 찾아다니며
통통통 뛰어다니던

그 소년 뒤로
하늘 높이 오르는 연
더 높이 올리려고
이리저리 통통통 뛰는 아이들

다른 아이들의 연에 실려

오늘에야 비로소

하늘로 오르는 소년

개웅산 길

많은 세월 밟혀온 길

꽃길
숲길
낙엽길
눈길

이제 계절 계절마다 환한 길 되었네

내
인생 같은

보물찾기

보물은 어디에 있을까?

어느새 친구들이 보이지 않았다

바람이 불지 않는데도 바람이 불었고
먹구름이 없는데도 먹구름이 몰려오던 중

광명 로터리에서
보다 못한 사람이 힌트를 주었다
그 사람 말대로
삼일빌딩 아다미 커피집에 가보니
내가 찾던 보물이 거기 있었다

그녀는
내가 얘기하는 내내 웃고 있다가
내 곁이 되었다

가족 모임

숲속
느티나무 그늘 아래

부귀도
질투도
원망도
몽땅 날려 버리는
소박한 우리네 만남

양귀리 선산
가족 모임

어느 누구
부럽지 않다

구로문화원

화사한 봄날 오후

끝도 없는

이야기보따리

웃음 범벅

대화의 향기

내 가슴속 영원한

구로문화원

밝은 길

말도 행동도
어둠이었을 때

스승과 만나
치맛자락 바짓가랑이 붙잡고
맘과 정신을 가다듬고
동행하면서

최선을 다하는 순간에는
어두운 탈 벗고
밝은 길 가겠지

제2부

허수아비 1

참새떼 날아와
알곡 쪼아 먹네

우리 아버지 쪼아 먹고
우리 어머니 쪼아 먹네

나 아무것도 못하고
그냥 서서
바라보고 있네

허수아비 2

바람 부는 언덕에 우리 어머니
나를 세워놓고 가셨네

참새도 가버리고 없는 밤
언덕에서 뜯은 쑥으로
누나는 모깃불을 피우네
매캐한 연기가 켜켜이 겹쳐진 어둠 위를
지렁이처럼 기어가네
자꾸 눈물이 나네
어머니 빈자리에
물 먹은 별이 들어서네
종일 굶은 우리는 별을 세어보네

별 하나 별 둘
사과 하나 딸기 둘
별 셋 별 넷
갈치 셋 고기 넷

까악 까악
감나무 위에서 까치가
꿈 깨라고 소리치네

밤새 차린 진수성찬이
한순간에 날아가네

허수아비 3

양 날개를 펼치고
벌판 한가운데 유유히 서 있네

휘몰아치는 태풍 얻어맞더니
실바람 불어도 흔들리고
어둠에 몸살을 앓고
두려움의 그림자에 갇혀
초조함 감출 길 없네

숙연한 맘으로
밝은 날 기다려보지만
내일을 기약할 수 없네

다시 한 번
우뚝 서길 바라네

허수아비 4

허접하게 대접받는 근대화 역군
뭇 사람의 관심 밖에서
귀찮고 쓸모없는
물건이 되어버렸네

얼굴을 묻고
지하도 한 구석
도와 달라 살려 달라
애원하지만
저마다 무심한 표정뿐

희망도 의지도 잃어버린 채
고개를 처박고 있네

허수아비 5

낡아버린 몸뚱어리
자투리 철판
국가유공훈장

멀쑥한 위선자
으스대는 부자들

단 한 번이라도
웃음 잃고 서 있는
허수아비를
생각해본 적 있는가

허수아비 6

잘난 부모에게 의지하여 얻은 힘으로
골든벨 울리며 세상을 풍자하네

뒷골목 그림자를 움직이고
고귀한 인생 쓰레기 취급하고
주색잡기에 도박

밝은 미소 남기고 간 이들이
얼마나 많은데

장애인 입양하는
젊은 부부를 보았는가
전 재산 헌납한
노점상 노파를 보았는가

허수아비가
세상을 움직이는 힘이었네

허수아비 7

도량이 넓은 문학인
조크와 유머로

설익고 어설픈 우매한 잡초 인생
선도하는데

아직도 멍한
허수아비

허수아비 8

노년을 위해 준비했던 모든 것
속임수에
참담하게 잃어버린 삶

한을 품었건만
맘을 비우다 보니
다 부질없는 일이라는 걸 알았네

고우면 고운 대로
미우면 미운 대로
입히면 입히는 대로
벗기면 벗기는 대로

허수아비처럼
살기로 했네

허수아비 9

단비
우리 어머니

아무 영문도 모르고
갑자기 잡혀간
잊을 수 없는 그 밤

매일 매일
맘 졸이며 기다리다

삼 남매 모두
허수아비 되었네

허수아비 10

이러쿵저러쿵
간지러운 대화
부끄러운 술자리

추억의 그늘 속에서
헤매는 허수아비

폼의 탈
가식의 탈
다 벗어버리고

이제
홀가분한 마음으로
들판 지키는
허수아비

장미의 미소

시골 어느 학교 운동장
그 여자
그 미소 머금으며
침묵으로 돌아섰지요

추억의 초상화 그리고 그리면서
숨 가쁘게 흘러버린 약속한 시간들

전하지도 못하는 마음의 편지
오래 오래 간직한
옛 추억의 아름다운 순간
세월이 흘러도
변하지 않는 맘이라네

한 세대를 일구어낸
당당한 장부임을 보여주고 싶었지만

젊은 세월 몽땅

잃어버린 모습일까 봐
부끄럽다네

언제나 다시 볼까

붉은 장미,
그대 미소를

은혜

敏而好學(민이호학)
不取下問(불취하문)

君子如何長自足(군자여하장자족)
小人如何長不足(소인여하장부족)
不足之足每有如(부족지족매유여)
足而不足常不足(족이부족상부족)

선생님

고개 숙여
감사드립니다

크게 외친다

검은 구름이 이동한다
뒤따라오던 흰 구름
검은 구름을 밀어내더니
큰 빛을 내뿜는다

집토끼 세 마리가
산토끼가 되고
산토끼가
호랑이로 변신하며
밀림을 지배한다

하늘을 향해
크게 외친다

—이젠 난 행복해

오늘도 파이팅

품위와
깨끗한 몸가짐
맑은 미소

너무 너무 무섭소
자랑스럽소

소나기 내린 후
밝은 태양 비추이듯

내일도 함께하는
구로문화원
시 창작 동호인

제3부

왜 진작 베풀지 못했을까?

어려웠던 시절
지금의 나를 만들어준
누나와 동생

몽땅 받아먹기만 하고
뒷짐 지고
팔짱 끼고
흘려보낸 세월

왜 진작 베풀지 못했을까?

그날

소나무골 대지주의 딸 어머니
이십여 리 학교 홍일점
서당에서 개인지도 받을 정도로
유복한 유년 시절의 대감집 증손녀

배나무골 학자의 천재 아들 아버지
남계 선생의 무릎에서 재롱부리고
대구사범 5기를 거쳐 선생님이 되신
대감집 손자

둘이 결혼하여
전라 함평에서 첫 딸을
충북 청주에서 아들을
다시 서울에서 딸을

해방을 맞으며
경성제대 향학의 길로 가서
4학년 학도호국단장을 맡을 때

서울대로 명칭을 바뀌는 그해
국대안 사건

아버지가
갑자기 역사의 뒤안길로 사라진
1949년 4월 17일

잊을 수 없는 그날
아직도 가슴에 인두로 지지고 있는
그날

서대문 편지

미님이네 옆집 아저씨 심부름으로
내가 전한 편지 한 통
도무지 영문 모를 일
편지 받은 엄마의 긴 여행 길
서대문형무소

고프면 고픈 대로
아프면 아픈 대로
추우면 추운 대로
더우면 더운 대로

엄마는 언제 돌아올까?

멀기만 한 서대문 여행

내 동생 복희

아홉 살
한글도 터득 못하고 다니는 학교
우유죽 먹는 재미로 가고
못하는 숙제인지
안 하는 숙제인지
선생님한테 매 맞는
으뜸 열등생

고픈 배 채우느라
앞뜰에 가지 오이 토마토 따 먹으며
중학생 누나 쳐다보며
말없는 하소연

방학이면 동생 손잡고 외가에 가서
풍성하게 소일하니
방학만 기다리던
내 동생 복희

엄마의 재산

초주검이 되어 돌아오신 엄마
돌아오자마자 할아버지와 함께
피난살이
그래도 엄마가 계시니
무섭지 않았지

얼마 후 할아버지
세상 떠나시고

호미골 삼천 평
석교동 저택
백부에게 빼앗기고
우린 노숙자가 되었지

노발대발
망연자실

그래도 엄마는

—너희들이 재산이야

꿋꿋하셨지

쌀 다섯 가마

초가 단칸방
청상과부의 몸부림과
예쁜 누나 동생 손잡고
영차 영차
삶을 이끌었네

쌀 다섯 가마

그 힘은 대단했네
당당하게 유년을 보냈네

성인으로
군대도 마치고
달갑지 않은 사회에
꿈을 넣고 달렸지

쌀 다섯 가마

알고도 속고 모르고도 속는
숨겨진 사연 속
그 恨

우리 누나

나 열두 살 때
저택과 땅
전 재산 빼앗기고
거러지가 되었네

뭉그러진 삶의 끝자락
불씨를 당겨준
우리 누나
수줍을 그때
모든 것 다 버리고
나를 위해 희생했네

그 덕에
밝은 날을 맞았네

하늘에서 지켜보고 계신
청상과부 어머니

얼마나 기쁘실까?

천추에 맺힌 한
조금 내려놓으셨을까?

이모

수신 복다회리에서
서울로 유학한 김태금
좋은 가정에서
유복하게 성장한 여인

돈암동 그 여인의 집을 찾아갔지
—도와주세요.
—왜 그래?
—등록금이 없어요.
—친구에게 말해볼게.

다음날
누나가 그 친구 집을 찾아갔지
통장과 도장을 내주며
—필요한 대로 찾아 쓰렴.

다행스레 복학을 하였고
직장인으로 사회인으로

티 없이 성장하였지

오늘날 나를 있게 해준
이모

조카 구실
제대로 못한
恨
그 恨

내 유년의 유산

푸른 하늘 먹구름이 끼어도
둥근 달 밤하늘을 가리워도
아랑곳 하지 않네

공부는 멀리하고
숙제는 덮어놓고
심부름도 식사도 접어두고
도로보꾸* 놀이

한 블록 십여 가구
개천 너머 앞 블록 십여 가구
어느 한 집으로 들어가면
개구멍으로
건너뛰기로
모두 통하는 동네
참가자 모두 편을 짜서
숨고 뛰고 쫓기고

가슴속 깊이 살아 숨 쉬는
필동, 종근, 진국, 호섭, 종호……

내 유년의 유산
모두 잘 지내고들 있는지

---

*도로보꾸: 도둑 잡기.

재당숙 신의구

맨손으로 맨몸으로
회사를 설립하여 사업을 했지

재당숙이 내게 물었지

—사업 잘돼 가나?
—힘듭니다.
—내 집 가져가거라.

그 집 물려받아
남부럽지 않게 일어났지

세월이 흐르고 흘러
정신적 지주 재당숙에게
생전의 구실
생전의 역할
아직 다 하지 못했다

황홀하게 저물기

봄 햇살
맘껏 즐겨보는 한낮에
정겨운 모습
보고 또 보고
웃고 또 웃어본다

마음을 비우니
즐거움으로 가득하고
마음속에는
언제나 꽃이 피네

저물어 가는 이 몸
몸도 비우고 마음도 비우는 연습
부지런히 해야지

산수유 붉은 열매

주렁주렁 매달린
서러운 사연
헤아릴 수 없는데

깊어만 가는 이 밤
오지도 않는 봄
넋 놓고 기다린다

알찬 열매 일구려고
바쁜 나날 보내는 님

어제의 즐거움
오늘로 이어가며
행복한 순간 순간
더듬어보겠지?

꿈속에서나
몽우리 진

그대의 숨결 익혀 보려나

기약 없이 기다리는 마음
간절해

봄은 오는가

국회의사당

불신으로
달변으로
가증스런 행동으로
범벅이 되고

어두운 그림자에 가리어
헤어나지 못하고
이러쿵저러쿵

충격과 상처가
불치병으로 둔갑

이제는
무언의 진실에
행동으로 감동을

만나면 즐거움으로
밝게 어우러져

아름다운 풍경화
만들어보게나

봄봄

나비를
유혹하는 꽃

감칠맛 느끼게 하네

몽우리 내밀며
나비를 홀리네

달콤한 내 인생의
봄
봄이 왔네

제4부

그 여인

청주 사직동
추억 속의 여인

은은한 고향의 향기
가슴 뭉클하게 맘을 흔들어 놓는
연한 미소
어제도 오늘도 만나면 살맛나는
친구로 연인으로
언제 어디서건
만날 때마다 벅찬 기쁨

그 여인
오랜 세월 흘러갔건만
잊지 못할 그 내음

보고 싶은
순옥 누나

사기막골

계곡 따라 산길 따라
찾아온 산골 마을

돈도 명예도 다 버리고
마음의 고향 만들어보자고

전원주택도 농장도 조성하고
익숙지 못한 시골 미풍을 살려 가는
소박한 촌로들

도시의 탁한 먼지 말끔히 털고
산골 인심에 흠뻑 빠져버린

사기막골 주인들

오동나무 그늘 아래서

봄의 정기 받아
풍성하게 꽃을 피우는
오동나무야

고운 마음 포근한 정
그 넓고 후박한 그늘 아래서
느낄 수 있노니

너희가 지닌 깊은 뜻
모두에게 베풀고
튼실한 열매를 맺어
세상에 베풀렴

오동나무 그늘 아래 서니
부족함이 없구나

신명난 놀이꾼들

청주 무심천
오뉴월의 폭양 속에
가지장아찌들

남다리 밑에서
개구리 뒷다리 구워 먹고
냇물 휘저으며
손으로 어항으로 고기를 잡는다

백사장에서
공놀이 기마 목마 목막기 닭싸움
두꺼비집 짓고

벌거숭이들 냇물로 뛰어들어
멱 감으며 물싸움하며

백금정에서
제대로 된 수영은 종근이만 하고

나머진 개헤엄이다

필동이 장난으로
어항 깨먹은 종근이
사리마다 잃어버린 호섭이
애란 입방아로
벌거숭이 해결되었다

야, 내일은?
까치네로 가자!

엄마가 그리운 날에는

어린 시절의 고향 집

오늘도 꿈을 꾸네
내 집 아닌 내 집을 찾아 밤새 떠돈다
날개가 없어도 밤하늘을 나른다

누나는
앞뜰에서
가지 상추 오이 쑥갓 고추를 가지고
성찬을 준비한다

몸도 마음도 고픈 동생은
불을 지피고 언니를 도우며
엄마의 빈자리를 메운다

엄마가 그리운 밤에는
허공에
잔칫상을 차린다

오늘

즐거운 일
가슴 아픈 일
부끄러운 일
서로 서로 감싸 안으며
죽는 순간까지
온정을 간직하리라

남은 생
한껏 즐겨보자구요

누나
생일 축하해

오디나무 숲의 비밀

친구와 나는 보조원이고
김 교감과 류 선생은 행동대원이네

양손에 물통 들고
흰 비닐 어깨 메고
계곡을 끼고
우거진 숲 가로지르고
갈대숲을 지나도
하늘이 보이지 않는 산길

나무 밑에 비닐 펴고
나무 위에 올라
가지를 흔들어대니
시커먼 소나기가
사정없이 쏟아진다

하얀 옷이
시뻘건 그림물감에 흠뻑 젖는다

물감 하나 가득
상상을 초월한 대자연의 신비

나와 친구 필동
그림 전시회장의 모델 됐다

오늘을 산다

너무 너무 힘들었던 그때

슬프고 우울한 일
맘속으로 지워버리고
꿈을 향해 무작정 달렸다

하면 된다
이룰 수 있다

우여곡절을 겪으며
수년 만에 이룬 꿈

나래 달고
하늘을 난다

힘들었던 젊은 날
그 추억의 순간 순간을
되새기며

오늘을 산다

제발

여의도 신사여
술 취한 양 만행하며
이성 잃은 말과 행동으로
추한 꼴은 보이지 말게나

배부른 만근이의 꼴
보기 흉한 그 모습
묻어버리시게나

초라한 울부짖음
빈민들의 합창 소리
들리지 않느냐?

변해가는 이 세상에
뉘를 믿겠는가?

제발
희망의 메시지를

저물어 가는 삶에

불어넣어 주시게나

가을 문턱에서

밤새 내린 비 더위를 식혀주니
가을을 재촉하는 신호탄인가

신선한 가을 싱싱한 공기
한껏 즐기면서
폭염에 시달린 몸
가볍게 풀어보자

가을의 그 문턱
농부들의 콧노래
처녀 총각 가슴 두근두근
물오른 아낙네 별 따려 하는
가을의 문턱 넘어보세

가을의 향기 머금은 그 길목에서
술잔에 담은 우리네 우정
원 없이 쌓아보세

장미의 계절 1

나무 그늘 아래서
먼 옛날 추억 속에 잠겨본다

붉은 장미 향기에 취해 지내던 시절
숨 가쁜 나날이었지

병영 생활 속에
오고 가는 소식
분홍 장미 넝쿨 속이었지

제대하는 순간
아름답고 순결한 향기는
검은 장미로
바뀌어버렸네

아, 사라진 나의 장미의 계절이여

장미의 계절 2

오월 하늘 아래서
지난날을 더듬어본다

질투도 원망도
잘 소화하면 보약이 되고
잘 즐기면 오락이 된다니

함께도 좋고
둘이도 좋고
잘 어울리자고 다짐을 한다

生은
한 편의 연극이요 드라마

주연이 되어
기쁨을 안겨 주자고
내 자신에 청을 해본다

장미의 계절
오월 하늘 아래서

당신이라는 세월에게
흰 장미 한 아름 안기며

추모

어지러운 삶의 뒤안길
꿈에서라도 만나
품 안에 얼굴 파묻고
어리광부리고 하소연하며
맘껏 냄새 맞고 싶은 엄마
엄마
엄마
엄마

사막에서 오아시스를 찾아 헤매는
자손들
유지를 본받아 삶을 영유하고 있으니
곱게 곱게 어루만져 주세요

낯모르는 새 얼굴
처음 맞이하시지요?

바로 어제 같은데

세월이 흘러 10년이 되었네요

우리 가족들은 함께 모여
생전에 다하지 못함을
못내 아쉬워하며

영정 앞에 무릎 꿇고 비옵니다
용서하여 주시옵소서
용서하여 주시옵소서
용서하여 주시옵소서

배웅

맘으로
정으로
믿음으로 어우러진
50여 년 우정

이제
즐거운 맘으로
배웅하네

낙원 가는 길

해설

불휘기픈남간바람에아니뮐새

손옥자 시인

나는 매화 그림을 참 좋아한다. 실제로 피어 있는 매화도 좋지만, 그림이 더 좋다. 혹자는, "그림은 향기가 없지 않느냐?"고 하지만, 그렇지 않다. 피어 있는 매화는 10일이면 그 향기가 소진되지만, 화폭에 담겨진 매화는 1년 365일 그 향기가 진하다.

조선후기 문인화가 중에 시, 서, 화에 능해 삼절로 불리는 강세황이 있는데, 그는 매화를 그리되, 주로 표면이 마르고 거친 노매(老梅), 즉, 늙은 나무를 주로 그렸다. 다른 화가들이 젊은 둥치에서 싱싱한 가지들을 뻗어 올릴 때, 강세황은 늙은 나무 등걸을 거칠게 화판 위로 올렸다. 화폭의 오른쪽 사선에서 시작하여, 구부정하게 왼쪽 위로 사선을 그으며 대각선 구도로 끌어 올렸다. 거기다 내가 본 강세황의 〈묵매도(墨梅圖)〉는 그 둥치가 부러져 있었고, 새 가지도 가늘게 두 가닥만 냈을 뿐이었다. 그래서 강세황의 화폭은 시처럼 그림보다 여백이 많았다.

해설을 써달라는 신광휴 시인의 시를 받아놓고, 나는 전에 없이 한참 동안 생각에 잠겼다. 다른 때는 해설 부탁 받으면, 며칠, 날을 잡아 바로 쓰는데, 신광휴 시인의 시는 한참을 만지작거리다, 또 읽었던 시를 한참 무심히 쳐다보다가, 또 창밖을 멍하니 바라보다가…… 하였다.

신광휴 시인은 우리 〈구로문화원〉에서, 나와 참 오랫동안 시 공부를 하였다. 그런데 시인은, 언제나 '한'이나 '허수아비' 같은, 비슷한 내용, 비슷한 제목이 많았다. 재작년에도, 작년에도, 같은 내용, 같은 제목의 시였다. "선생님, 자꾸 과거에 사로잡혀 있으면, 새로운 것이 안 보여요." 나는 여러 번 말하였지만, 그는 고개를 숙이고 말이 없었다.

그러던 그가 등단을 했다. 그리곤 바로 시집을 내고 싶다고 100여 편이 넘는 시를 가지고 왔다. 조금 더 공부한 연후에 내는 게 어떠냐고 했지만, 내고 싶은 눈치가 역력해서 시를 받았다. 해설을 쓰려고 100여 편이 넘는 시를 보면서, 나는 그동안 시를 합평할 때마다 '긴장감이 떨어진다. 진부하다'고 지적했던 말들이 미안해졌다. 시 편편마다 너덜너덜해진 그의 삶이 보였다. 유난히 어둡고 암울했던 유년이 고스란히 들어 있었다. 기막힌 삶이었다.

참새떼 날아와
알곡 쪼아 먹네

우리 아버지 쪼아 먹고
우리 어머니 쪼아 먹네

나 아무것도 못하고
그냥 서서
바라보고 있네

—「허수아비 1」 전문

참새떼가 날아와 우리 아버지를 쪼아 먹고, 우리 어머니를 바로 눈앞에서 쪼아 먹는데도, 나는 "아무것도 못하고/그냥 서서 바라보고" 있다는 것이다. 형벌 중에 가장 혹독한 형벌은, 가족이 보고 있는 앞에서, 가족이 나쁜 일을 당하는 것이라고 하는데, 어린 화자 앞에서 아버지, 어머니가 쪼아 먹히고 있는 것이다.

신광휴 시인은 「허수아비」라고 하는 제목의 시가 많다. 보통 '허수아비'라고 하는 단어는, 무엇을 '지키는 자'보다는, 아무것도 못하는 '무능한 자'로 읽힌다. 이 시에서도 참새떼가 날아와 알곡, 즉 아버지와 어머니를 쪼아 먹는데도, 화자는 어쩌지 못하고 망연히 서서 바라보고만 있다. 왜 그랬을까? 어려서였을까? 아니다. 대항하기에는 "참새떼"가 너무 크기 때문이다. 시인은 여기서 새 중에서도 몸집이 가장 작은 참새를, 나를 꼼짝 못하게 하는 큰 존재로 묘사했다. 역설이다. 형체는 작지만, 뭔가 나를 꼼짝 못하게 하는, 등 뒤에 보이지 않는 힘이 있다는 것을 독자들이 눈치채게 한 것이다. 그래서 어린 화자는 망연자실 서 있는 것이다. 또한 신광휴 시인은 자신을 허수아비 같은 바보로 만드는데, 사자나 호랑이를 쓰지 않고 참새를 쓴 것은, 그 당시 자신의 무능이나 나약함을 극대화한 것으로 보인다.

서울대로 명칭을 바뀌는 그해
국대안 사건

아버지가
갑자기 역사의 뒤안길로 사라진
1949년 4월 17일

잊을 수 없는 그날
아직도 가슴에 인두로 지지고 있는
그날

—「그날」 부분

"아직도 가슴에 인두로 지지고 있는/그날"이라고 신광휴 시인은 말했다. 우리는 여기서 "아직도"라고 하는 부사와 "갑자기"라고 하는 부사를 눈여겨볼 필요가 있다. 어느 날 "갑자기" 아버지가 "사라졌다". 어느 날 갑자기, 아버지가 끌려가더니, 다시는 돌아오지 못하였다. 아버지의 죽음 앞에서 신광휴 시인은, 단 한 단어 "갑자기"를 썼다. 아버지가 왜 끌려갔으며, 왜 죽었는지 어린 화자는 모른다. 모를뿐더러, 이의를 제기하는 사람도 없다. "이게 대체 있을 수가 있는 일이냐?" "서울대로 명칭을 바꾸는데 사람이 왜 죽어야 하느냐?" "우리 아버지가 대학 학도호국단장인 게 죄냐?" "이런 놈의 나라가 어디 있느냐?" "힘없는 사람은 사람도 아니냐?" 따졌어야 할 것이다. 악다구니를 쓰며 대들었어야 할 것이다. 그러나 어린 화자는 나약한 허수아비였으므로, 아버지라는 큰 산이 화자의 코앞에서 무너지는데도, "왜?"가 아니라, "갑자기"라는 단어 하나를 내어놓았다. "너!"가 아니라, "나!"로 화살을 돌린 것이다. 불빛 하나 없는 어두운 세상이 무서웠던 것이다. 그리고 그 어둠 안에 도사린 것들이 무엇인지 하나도 보이지 않아서 더 무서웠던 것이다. 그래서 어린 화자는 "갑자기"라는 단어에 모든 것을 밀어 넣어놓고 입을 닫아버렸다.

위에서 말한 대로 강세황의 〈묵매도(墨梅圖)〉는 그림보다 여백이 많다. 부러진 매화 줄기 하나를 작은 종이에 간략하게 그렸다. 사선구도에 옹이가 진 줄기는, 끝이 부러진 채 굽어 있고, 위아래로 난 가는 두 개의 가지에는 꽃 몇 송이가 달려 있는데, 가지나 꽃들이 많지 않아서인지, 꽃 한 송이, 한 송이가 신광휴 시인의

"갑자기"처럼 강렬하다.

강렬한 신광휴 시인의 그 '갑자기'는 "아직도"를 끌고 왔다. "갑자기"라는 부사 안에 너무 많은 말을 넣어놓았기 때문에, 그 말이 아직 세상 밖으로 나오지 못했기 때문에, 그 말을 아직도 꺼내어 풀어놓지 못했기 때문에, 시인은 "아직도"를 쓰지 않을 수가 없는 것이다. 그래서 아직도 풀어내지 못한 것이 한(恨)으로 남아, "아직도" 가슴을 "인두로 지지고 있는" 것이다.

미님이네 옆집 아저씨 심부름으로
내가 전한 편지 한 통
도무지 영문 모를 일
편지 받은 엄마의 긴 여행 길
서대문형무소

고프면 고픈 대로
아프면 아픈 대로
추우면 추운 대로
더우면 더운 대로

엄마는 언제 돌아올까?

멀기만 한 서대문 여행

—「서대문 편지」 전문

"엄마는 언제 돌아올까?" 어린 소년이 갖다 준 편지를 받고 엄마가 떠났다. 떠난 엄마가 돌아오지 않는다. 편지를 받고 행복해할 줄 알았는데, 엄마는 어디론가 홀연히 사라지고 만 것이다.

열무 삼십 단을 머리에 이고 시장에 간 엄마를 기다리는 기형도 시인의 시에서, "나는 찬밥처럼 방에 담겨/아무리 천천히 숙제를 해도/엄마 안 오시네/배추잎 같은 발소리 타박타박/안 들리네"(기형도, 「엄마 걱정」)처럼, 유년의 신광휴 시인도 금방이라도 오실 것 같은, 아니 오셔야 하는 엄마의 발자국 소리에만 귀를 기울였을 것이다. 저물도록 엄마가 오시지 않자 '어둡고 무서워, 빈방에 혼자 엎드려' 훌쩍훌쩍 울었을 것이다.

신광휴 시인의 유년은 어두웠다.

비낀 해가 들어 있는 호수 속에
볼이 발그레한 소년이 있다
별 보고 나가면 이맘때쯤 들어오던

찹쌀떡 통
구두 통
아이스께끼 통

이곳저곳

이 사람 저 사람 찾아다니며
통통통 뛰어다니던

그 소년 뒤로
하늘 높이 오르는 연
더 높이 올리려고
이리저리 통통통 뛰는 아이들

다른 아이들의 연에 실려
오늘에야 비로소
하늘로 오르는 소년

—「자화상」 전문

다른 아이들이 따뜻한 방 안에서 화롯불에 군고구마 구워먹을 때, 친구들이 삼삼오오 모여 딱지치기를 할 때, 개울물에서 아이들이 멱을 감으며 고무신에 송사리를 잡아넣을 때, 소년은 "찹쌀떡 통"과 "아이스께끼 통"을 메고, "이곳저곳/이 사람 저 사람 찾아다니며" 발을 동동거리며 뛰어다녔다. 아이들이 고무신 속의 송사리 수를 셀 때, 소년은 손에 쥔 동전의 수를 세었을 것이다. 아이들이 숨바꼭질을 하며 이리저리 숨을 곳을 찾아 뛰어다닐 때, 소년은 찹쌀떡 통, 구두 통, 아이스께끼 통을 메고 이 사람 저 사람 숨어 있는 사람들을 찾아 뛰어다녔을 것이다.

3연의 의성어 "통통통"과 4연의 "통통통"은 사뭇 다르다. 4연의 "통통통"에는 탄력이 있고, 음악이 있고 경쾌한 리듬이 있다. 그리고 가볍고 유쾌하다. 그러나 3연의 "통통통"은 어둡다. 그리고 무겁다. 4연의 "통통통"은 일정한 간격으로 경쾌한 리듬이 쭉 이어지지만, 3연의 "통통통"은 가다가 툭툭 끊긴다. 끊어질 때마다 어둠이 발밑으로 스윽 슥 다가서는 것 같다. 그 어둠에 잡히지 않으려고 소년은 부지런히 뛰었을 것이다.

그러나 절망은 아니다. 마지막 결구에서 시인은 "아이들의 연에 실려" "하늘로 오"른다. 시에서 '하늘'은 동경의 세계이다. 어린 소년이 유년 시절 그리워했던 그 하늘에 "오늘에야 비로소" 오르게 된 것이다.

바람 부는 언덕에 우리 어머니
나를 세워놓고 가셨네

참새도 가버리고 없는 밤
언덕에서 뜯은 쑥으로
누나는 모깃불을 피우네
매캐한 연기가 켜켜이 겹쳐진 어둠 위를
지렁이처럼 기어가네
자꾸 눈물이 나네
어머니 빈자리에
물 먹은 별이 들어서네

종일 굶은 우리는 별을 세어보네

별 하나 별 둘
사과 하나 딸기 둘
별 셋 별 넷
갈치 셋 고기 넷

까악 까악
감나무 위에서 까치가
꿈 깨라고 소리치네

밤새 차린 진수성찬이
한순간에 날아가네

—「허수아비 2」 전문

강세황은 화폭에 부러진 몸뚱이만 덩그러니 그려놓지 않았다. 강세황의 매화는 늙은 몸을 딛고서, 가늘지만 결연한 가지를 내어놓았다. 야무지고 단단해 보이는 가지는, 하나는 위로, 하나는 아래로 뻗어나가며, 생의 균형을 잡아 나갔다.

시끄러웠던 말 말 말 뒤로하고
오대산에 오르네

상원사 동종
문수사 동자좌상
비로봉
적멸보궁
아무 말도 해주지 않네
도대체 말이 없네

알겠네

고요한 말
고요한 생각
고요한 몸가짐

모두 내려놓으라는 것이네

—「마지막 화두」 전문

사람은 모든 걸 내려놓을 때, 비로소 세상이 바로 보인다. 그리고 스스로 편안해진다. 이제 신광휴 시인도 모두 내려놓길 바란다. 이만큼 시로 풀어냈으니, 풀어내어 모든 독자들에게 알렸으니 됐다. 이제 과거도, 상처도, 아픔도 다 내려놓고, 허수아비로 서 있던 그 황량한 언덕에서 내려오길 바란다. 그리하여 "환장할 봄날"(「봄나들이」)을 맞아, "나비를/유혹하는 꽃"에서 "감칠맛"도 느껴보고, "봉오리 내밀며/나비를 홀리"는 것도 보길 바란다.

많은 세월 밟혀온 길

꽃길
숲길
낙엽길
눈길

이제 계절 계절마다 환한 길 되었네

내
인생 같은

—「개웅산 길」 전문

매화는 추운 겨울을 견디고 나서야 꽃잎을 연다. 그래서 사진작가들은 눈 속에 파묻혀 있는 매화를 찾으려고 전국을 돌아다닌다. 여리고 앳된 것이, 눈 속에서 빼꼼히 얼굴을 내밀고, 빠알갛게 상기된 얼굴로, 얼음을 물고 나오는 사진을 찍기 위해서이다. 그래서 겨울을 이겼음을 사람들에게 말하고 싶은 것이다. 그래서 고난에 처한 자들에게, 혹은 절망하며 아직도 겨울을 벗어나지 못하고 있는 자들에게, 일어나라고 말하고 싶은 것이다.

매화는 겨우내 눈을 견딘다. 바람을 견딘다. 그리고 그렇게 견뎌온 매화는 향기가 남다르게 진하다. 중국 시인도 "뼈에 사무치는 추위가 아닌들 어찌 코를 찌르는 매화향기를 얻겠는가?"라고 했다.

신광휴 시인도 참 많은 날들을 혹독하게 견뎌왔다. 그래서 1연에 "많은 세월 밟혀온 길"이라고 했다. 그러나 그 길이 이제는 "꽃길/숲길/낙엽길/눈길"이 되었다고 했다. 그래서 "계절 계절"마다 이젠 "환한 길"이 되었다고 했다. 그렇다. 이제 봄이다.

나비를
유혹하는 꽃

감칠맛 느끼게 하네

몽우리 내밀며
나비를 홀리네

달콤한 내 인생의
봄
봄이 왔네

—「봄봄」 전문

시인은 제목에서 「봄봄」이라고 겹친 봄을 넣었다. 시인의 주체할 수 없이 기쁜 마음을 알리고 싶은 것이다. 이제 인생의 최고점, 봄에 서 있음을 알리고 싶은 것이다. 그렇다. 이제 정말 신광휴 시인에게 봄이 왔다. 봄이고 봄이다. 그리고 다시 봄이다. 신광휴 시인 스스로도 인생이 "달콤"하다고 했다. 달콤할 것이다. 천지에 꽃이 피었기 때문이다. 향기가 진동하기 때문이다.

참 잘 견뎌왔다. 신흠이라는 시인은 매일생한불매향(梅一生寒不賣香), 매화는 일생을 춥게 살아도 그 향기를 팔지 않는다고 했다.

신광휴 시인의 첫 시집 『마지막 화두』가, 모쪼록 독자들에게 따뜻한 위로가 되고, 따뜻한 가슴이 되는 좋은 시집으로 기억되기를 바란다.

이 도서의 국립중앙도서관 출판시도서목록(CIP)은 서지정보유통지원시스템 홈페이지(http://seoji.nl.go.kr)와 국가자료공동목록시스템(http://www.nl.go.kr/kolisnet)에서 이용하실 수 있습니다.(CIP제어번호: CIP2016030566)

문학의전당 신작시집

마지막 화두

초판 1쇄 인쇄 2016년 12월 16일
초판 1쇄 발행 2016년 12월 23일
지은이 신광휴
펴낸이 고영
책임편집 류미야
디자인 헤이존
펴낸곳 문학의전당
출판등록 제311-2012-000043호
주소 서울시 마포구 마포대로 11길 91, 3층
전화 02-852-1977 팩스 02-852-1978
전자우편 sbpoem@naver.com

ISBN 979-11-5896-296-8 03810